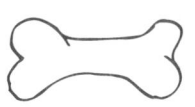

How much do you remember?

3	1	4	3	2	1
+5	+3	+2	+0	+7	+4

4	6	2	3	6	8
+3	+2	+6	+4	+3	+2

2	3	1	2	6	2
+2	+3	+7	+1	+2	+4

4	1	5	2	3	5
+4	+9	+4	+6	+2	+5

2	7	3	5	7	5
+3	+2	+6	+4	+3	+2

4	5	8	9	3	6
+5	+3	+2	+1	+7	+4

11 and 12

_5_ + _6_ = _11_

___ + ___ = ___

___ + ___ = ___

___ + ___ = ___

___ + ___ = ___

___ + ___ = ___

___ + ___ = ___

Do all the problems.
Circle all the 11s.

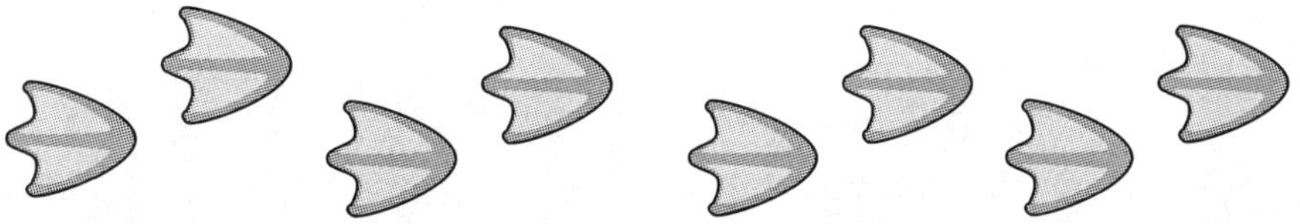

(9+2=11)   3+5   4+4   2+9   4+7

5+1   8+3   5+4   3+9   3+7

7+4   6+6   8+3   2+5   4+6

6+3   9+2   4+3   5+6   6+4

7+3   3+0   6+4   7+0   3+8

Note: Give your child small objects to use as counters if he/she needs help on this page.

Color my blanket.

10 - yellow
11 - orange
12 - blue

5 3 +4	9 1 +1	9 2 +1	5 5 +0	6 0 +6	4 3 +4
5 6 +0	4 4 +4	0 2 +8	3 3 +6	6 2 +3	8 2 +2
8 1 +3	2 6 +2	4 7 +1	7 3 +1	2 6 +4	3 4 +3
3 6 +1	5 3 +4	5 3 +3	8 2 +2	5 1 +4	5 1 +5

4

EMC4053

Why did the bunny paint her toenails red?

0-u	4-y	9-t
1-l	5-s	10-r
2-o	6-c	11-h
3-d	7-i	12-e
	8-n	

3	1
+2	+1

4	5	9
+1	+6	+3

3	2	0	1	2
+3	+0	+0	+0	+1

___ ___   ___ ___ ___   ___ ___ ___ ___ ___

9	5	3	6
+2	+2	+0	+6

4	4
+3	+4

5	7	4
+4	+4	+8

___ ___ ___ ___   ___ ___   ___ ___ ___

4	3	3	6	5	2
+2	+8	+9	+4	+5	+2

6	7	7	12
+3	+3	+5	+0

___ ___ ___ ___ ___ ___   ___ ___ ___ ___

5

EMC 4053

13 - 14 - 15

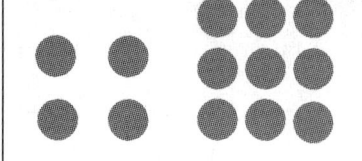

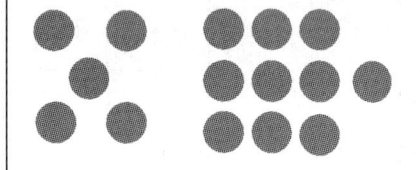

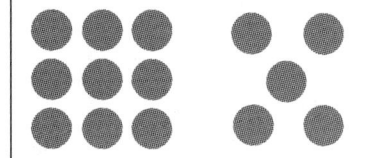

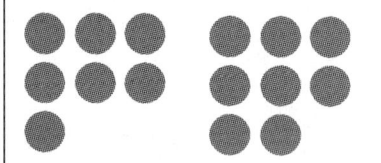

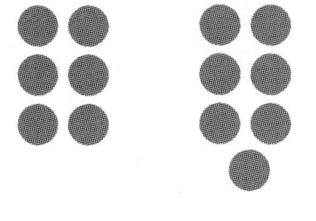

___ + ___ = ___

___ + ___ = ___

___ + ___ = ___

___ + ___ = ___

___ + ___ = ___

___ + ___ = ___

___ + ___ = ___

___ + ___ = ___

___ + ___ = ___

___ + ___ = ___

Note: Give your child small objects to use as counters if he/she needs help on this page.

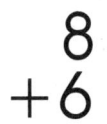
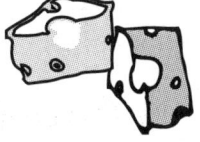

   8   7   8   3
+6   +4   +5   +9

   6   9   9   7
+7   +6   +3   +8

   5   8   5   7
+4   +4   +6   +7

   8   9   4   6
+3   +3   +9   +9

   6   8   6   5
+6   +7   +8   +8

Start at 1.
Connect the dots.

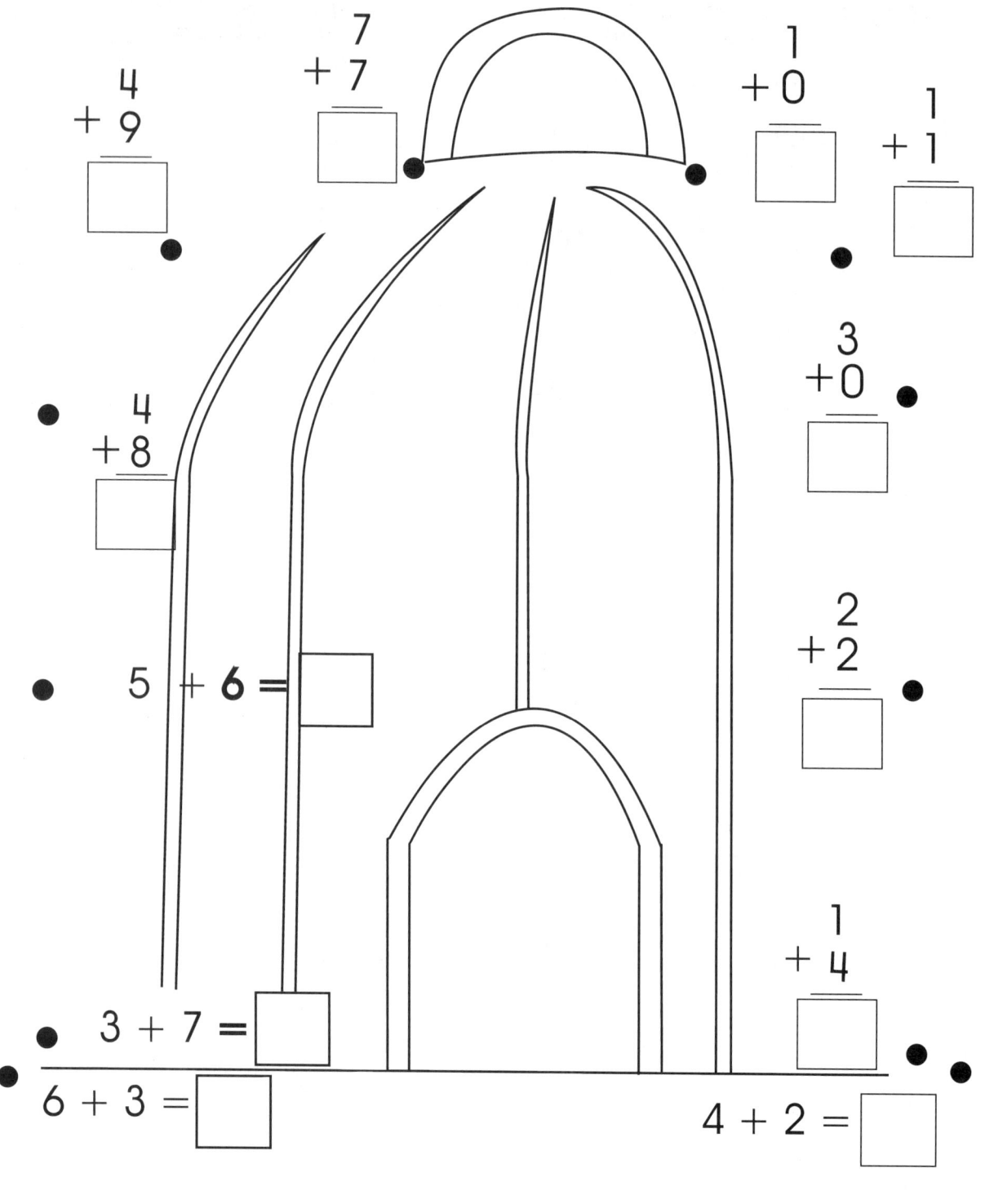

Seeing Double

1 + 1 = _2_   5 + 5 = ___

4 + 4 = ___   0 + 0 = ___

7 + 7 = ___   8 + 8 = ___

9 + 9 = ___   2 + 2 = ___

3 + 3 = ___   6 + 6 = ___

What is hiding in the box?

12 - brown   16 - dark green
14 - blue   18 - light green

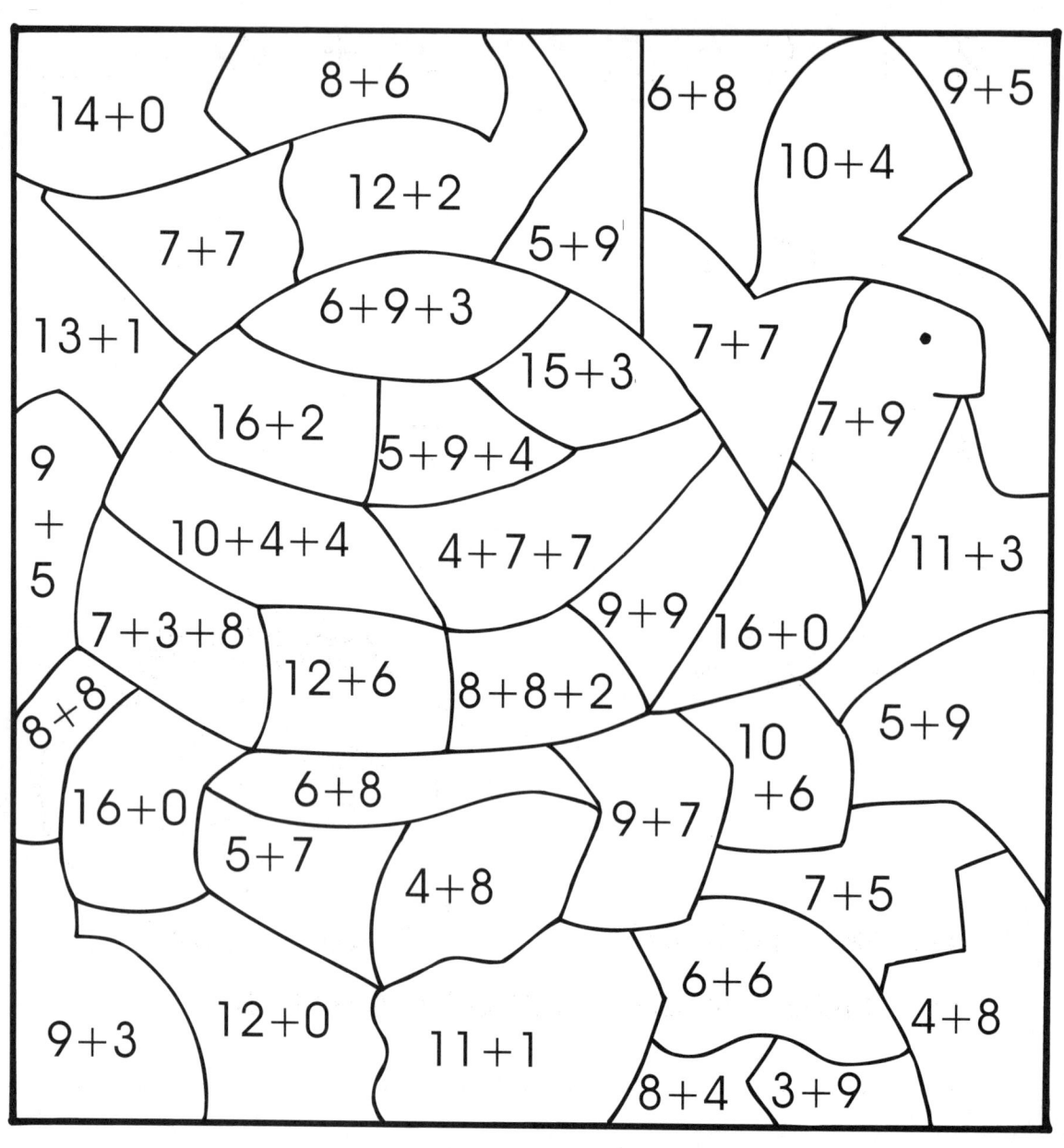

Adding Ten

Add ten to the numbers below.
Look for a pattern.

5 + 10 = ___   8 + 10 = ___

2 + 10 = ___   3 + 10 = ___

6 + 10 = ___   7 + 10 = ___

4 + 10 = ___   9 + 10 = ___

1 + 10 = ___

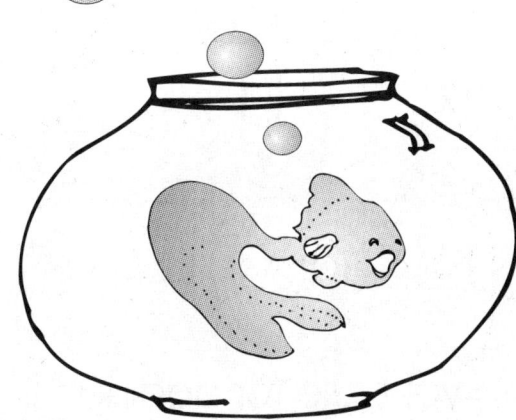

Do you see a pattern?

Write your rule. "When you add ten to a number...

_____

_____

_____

Adding Eleven

If you understand the rule for adding 10, adding eleven will be easy too.

5 + 11 = ___   3 + 11 = ___

4 + 11 = ___   8 + 11 = ___

7 + 11 = ___   2 + 11 = ___

1 + 11 = ___   6 + 11 = ___

9 + 11 = ___

Write your rule for adding 11.

_____

_____

_____

 2 or more.

5 (9   8   1) 9   7   2

4   9   5   4   6   6   9

3   5   5   4   6   8   1

6   4   7   2   2   5   4

8   9   7   7   5   6   7

1   8   1   4   7   9   9

Use the colors to circle two or more numbers that add up to....

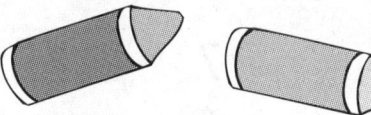   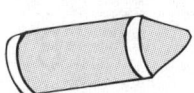

13 - red   16 - yellow
14 - blue   17 - orange
15 - green   18 - purple

Hop along and help me do these problems.

5	4	6	8	6
+8	+7	+6	+3	+7

7	9	4	6	7
+8	+5	+9	+9	+7

8	9	3	9	5
+8	+9	+8	+7	+9

9	8	7	7	8
+8	+5	+4	+6	+7

14

EMC4053

How do you spell *mousetrap* in 3 letters?

Color these answers:
- 11 - yellow
- 12 - green
- 13 - orange

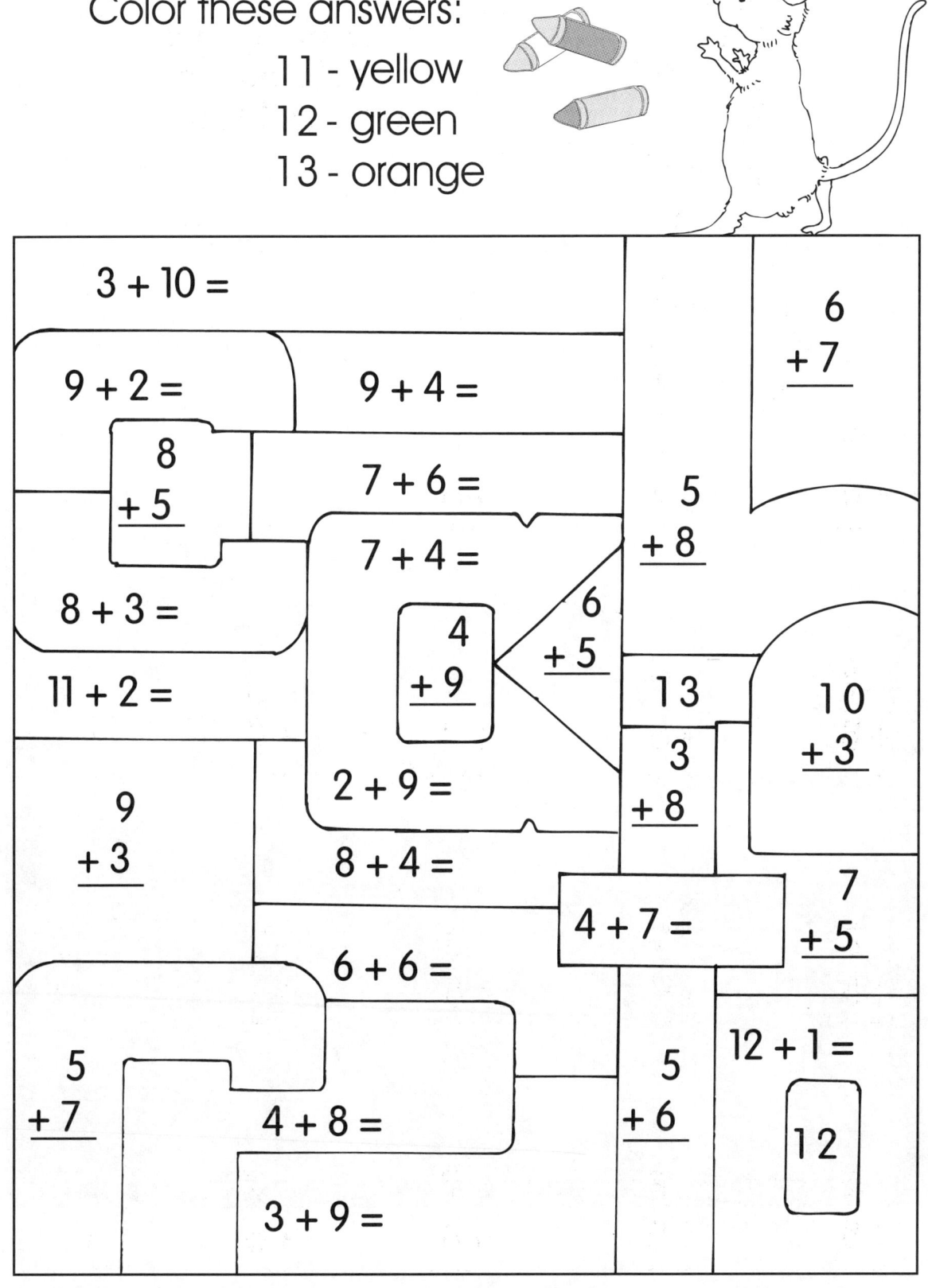

Circle 2 or more numbers that add up to...

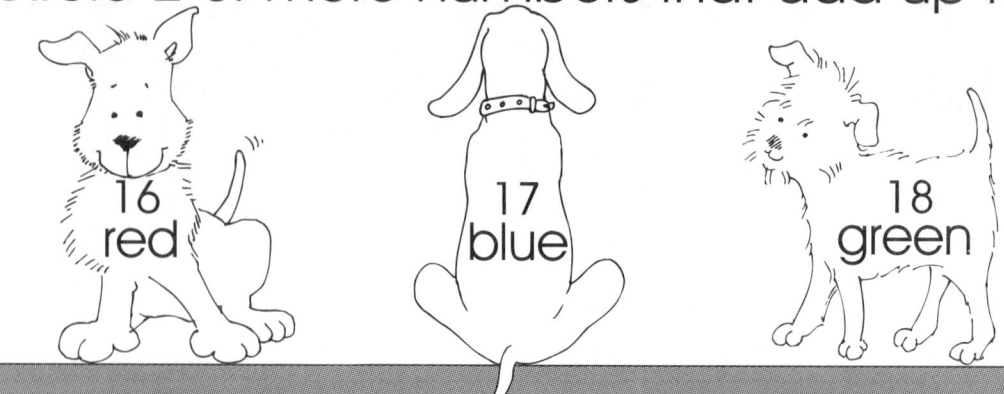

16 red
17 blue
18 green

5	9	8	1	9	7	2
4	9	5	4	6	6	9
3	5	5	4	6	8	1
6	4	7	2	2	5	4
8	9	7	7	5	6	7
1	8	1	4	7	9	9

Start at 14. Connect the dots in the order of the answers below.

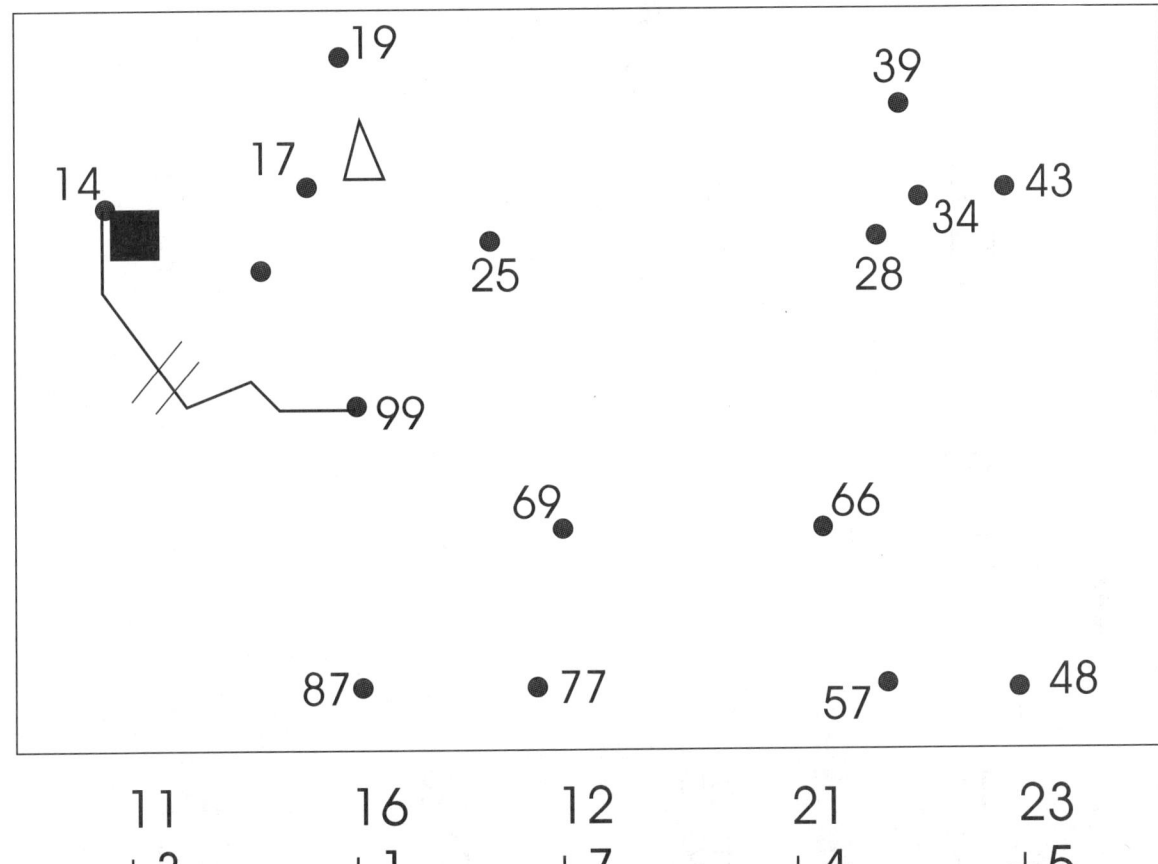

11	16	12	21	23
+3	+1	+7	+4	+5

30	33	42	45	51
+4	+6	+1	+3	+6

62	68	72	80	93
+4	+1	+5	+7	+6

> Help me find the answers.

12 +4	41 +6	96 +2	83 +5
93 +1	51 +8	32 +2	71 +6
12 +7	60 +9	23 +3	62 +4
79 +0	41 +8	55 +1	21 +7

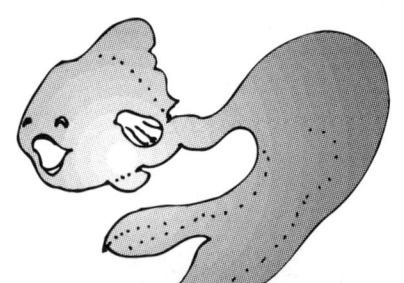

Review

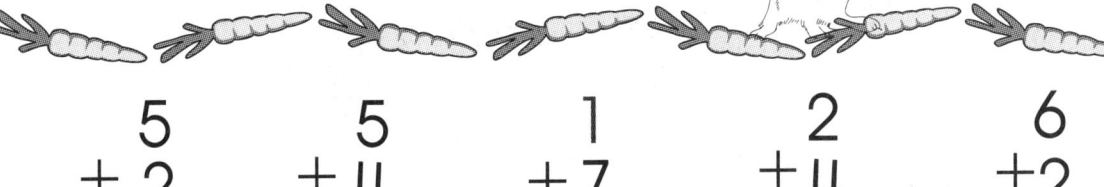

$\begin{array}{r}5\\+2\\\hline\end{array}$ $\begin{array}{r}5\\+4\\\hline\end{array}$ $\begin{array}{r}1\\+7\\\hline\end{array}$ $\begin{array}{r}2\\+4\\\hline\end{array}$ $\begin{array}{r}6\\+2\\\hline\end{array}$

$\begin{array}{r}1\\+8\\\hline\end{array}$ $\begin{array}{r}0\\+4\\\hline\end{array}$ $\begin{array}{r}3\\+6\\\hline\end{array}$ $\begin{array}{r}3\\+4\\\hline\end{array}$ $\begin{array}{r}2\\+7\\\hline\end{array}$

1 + 3 + 5 = ___   4 + 5 + 3 = ___

5 + 1 + 6 = ___   8 + 1 + 4 = ___

$\begin{array}{r}9\\+7\\\hline\end{array}$ $\begin{array}{r}7\\+8\\\hline\end{array}$ $\begin{array}{r}8\\+9\\\hline\end{array}$ $\begin{array}{r}5\\+8\\\hline\end{array}$ $\begin{array}{r}8\\+8\\\hline\end{array}$

$\begin{array}{r}7\\+4\\\hline\end{array}$ $\begin{array}{r}8\\+5\\\hline\end{array}$ $\begin{array}{r}3\\+8\\\hline\end{array}$ $\begin{array}{r}9\\+8\\\hline\end{array}$ $\begin{array}{r}6\\+7\\\hline\end{array}$

What do you get when you cross your pet duck with a cow?

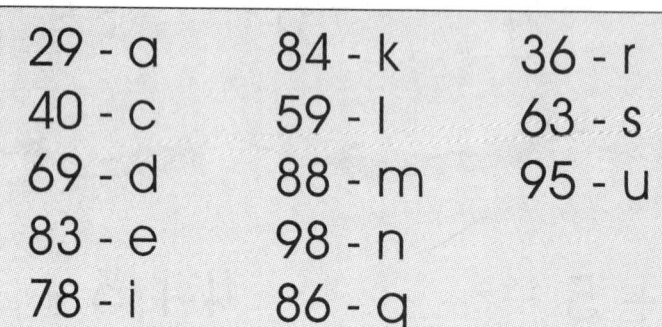

29 - a	84 - k	36 - r
40 - c	59 - l	63 - s
69 - d	88 - m	95 - u
83 - e	98 - n	
78 - i	86 - q	

73 +15	42 +36	38 +21	61 +23
88			
m			

18 +11	44 +54	37 +32

61 +25	34 +61	15 +14	10 +30	52 +32	11 +72	12 +24	23 +40

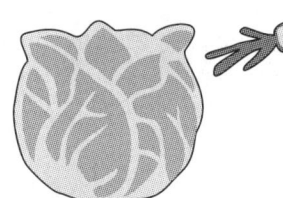

Add these numbers.

```
  249        582        213
+ 210      + 312      + 754
-----      -----      -----

  721        323        620
+ 243      + 573      + 145
-----      -----      -----

  143        523        251
+ 346      + 316      + 120
-----      -----      -----

  354        202        313
+ 621      + 104      + 514
-----      -----      -----

  436        510        421
+ 122      + 374      + 436
-----      -----      -----
```

Before adding down, look for easy combinations:

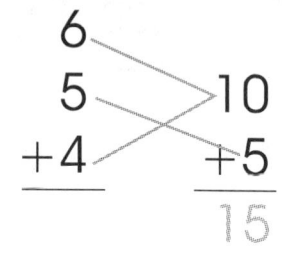

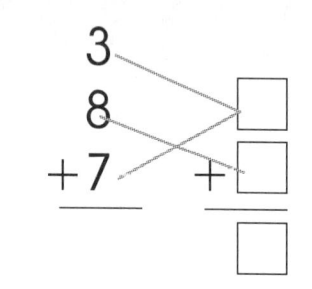

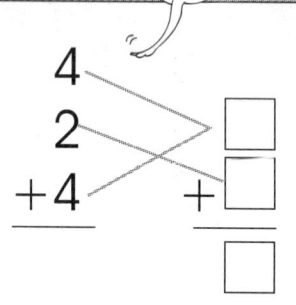

```
  8        6        5        6
  3        9        4        3
 +2       +1       +5       +3
 ___      ___      ___      ___


  6        5        6        9
  7        5        3        1
 +3       +8       +4       +7
 ___      ___      ___      ___
```

Add three down.

8	6	2	7	5
6	8	2	1	9
+5	+3	+7	+4	+3

6	9	6	7	8
6	4	5	9	7
+8	+9	+8	+8	+6

8	1	6	6	8
4	5	7	3	5
+4	+7	+1	+9	+2

6	9	8	6	8
8	9	8	9	9
+9	+9	+8	+7	+8

Help my pet ducks get to the pond. Color the boxes with answers...

more than 20 - brown
less than 20 - green

7 9 +8	6 6 +2	5 4 +8	9 1 +4	6 5 +3
24				
8 8 +5	8 7 +6	6 9 +7	9 2 +5	3 5 +4
7 2 +9	4 6 +9	8 9 +8	3 3 +8	5 7 +6
2 5 +8	8 7 +3	5 9 +7	8 8 +8	9 4 +5
1 9 +7	3 5 +6	7 7 +3	9 9 +9	

Before adding down, look for easy combinations.

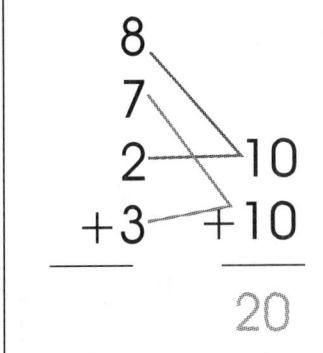
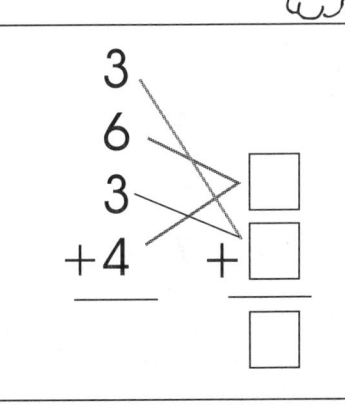
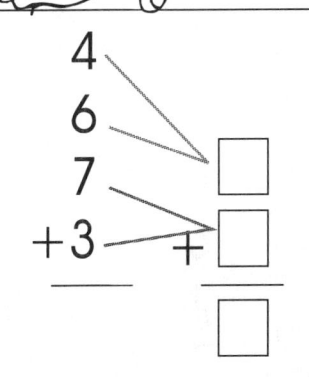

```
   4        7        4        5
   4        4        2        9
   5        4        6        2
  +2       +3       +8       +1
  ___      ___      ___      ___


   9        7        4        5
   8        1        1        6
   2        3        3        5
  +1       +9       +5       +4
  ___      ___      ___      ___
```

# Find the sums.

```
  3     9     1     6     4
  1     9     8     7     2
  8     1     9     2     4
 +2    +5    +3    +4    +7
 ___   ___   ___   ___   ___

  7     8     4     2     5
  8     4     3     1     6
  6     1     7     7     0
 +1    +3    +6    +7    +4
 ___   ___   ___   ___   ___

  8     5     1     1     3
  7     4     5     0     5
  5     2     8     6     5
 +2    +6    +6    +1    +8
 ___   ___   ___   ___   ___

  2     6     0     5     7
  5     2     6     3     9
  4     3     3     9     4
 +8    +9    +9    +7    +9
 ___   ___   ___   ___   ___
```

Add down, then up to check your answers.

1 1	7 7	6 6
2 2	4 4	5 5
3 3	9 9	1 1
+4 +4	+1 +1	+2 +2
10 10		

3 3	9 9	4 4
7 7	6 6	8 8
1 1	8 8	3 3
+8 +8	+3 +3	+2 +2

7 7	5 5	4 4
5 5	9 9	7 7
6 6	4 4	2 2
+4 +4	+6 +6	+3 +3

27

Addition

35 24 +10	44 12 +41	13 22 +12	23 42 +21
30 34 +32	52 15 +22	21 12 +31	12 25 +31

24 22 +33	23 43 +20	31 10 +42	22 53 +20
25 10 +44	23 24 +22	32 15 +21	10 15 +20

Adding large numbers.

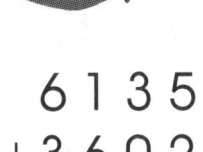

```
  6135        1824        4534
+ 3602      + 4152      + 3463
-------     -------     -------


  4041        5207        2134
+ 4354      + 1722      + 6450
-------     -------     -------


  3232        3048        1535
+ 4733      + 5641      + 7214
-------     -------     -------


  1260        3523        3240
+ 6738      + 6154      + 2706
-------     -------     -------


  3143        2401        2400
+ 5320      + 5406      + 2106
-------     -------     -------
```

Solve these problems.

1. On a walk in the meadow I saw ...
   9 crows
   3 meadowlarks
   6 pheasants
   How many birds did I see? _____

2. Water birds like to land on our pond. Last week I saw 11 ducks and eight geese. How many birds did I see? _____

3. My sister raises pigeons. She has eight now. How many will she have if I give her six more for her birthday? _____

4. Mom has chickens in the backyard. The hens lay eggs everyday. This morning she gathered nine white eggs and seven brown eggs to put in a special cake she is making. How many eggs did she use? _____

5. If you are very still at night, you can hear owls as they go hunting. Monday I saw 3 owls, Friday I saw 8 owls, and last night I saw 4 owls. How many is that in all? _____

6. I saw a nature program on television. It showed the colorful birds living in the rain forest. 8 brightly colored parrots were sitting in one tall tree. Then 9 more came flying up and perched on the branches. How many parrots did I see in the tall tree? _____

Answer Key

Please take time to go over the work your child has completed. Ask your child to explain what he/she has done. Praise both success and effort. If mistakes have been made, explain what the answer should have been and how to find it. Let your child know that mistakes are a part of learning. The time you spend with your child helps let him/her know you feel learning is important.

page 1

page 2

page 3

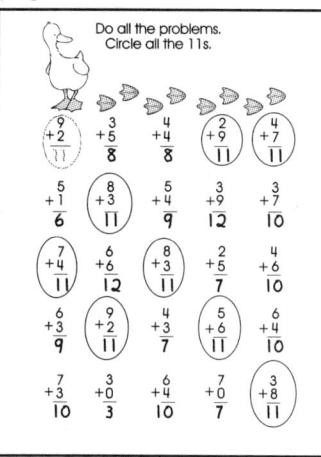

page 4

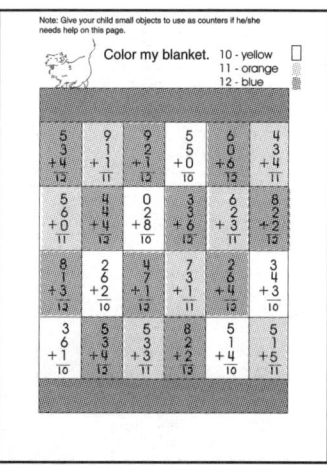

page 5

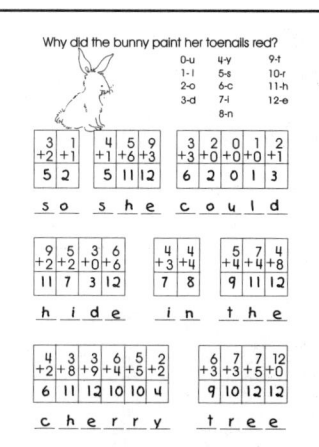

page 6

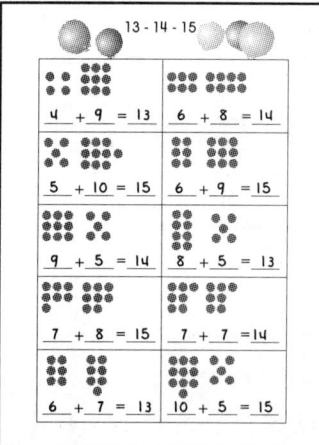

page 7

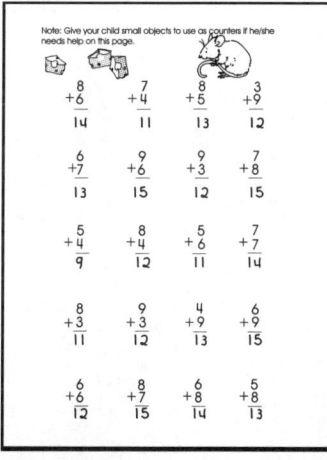

page 8

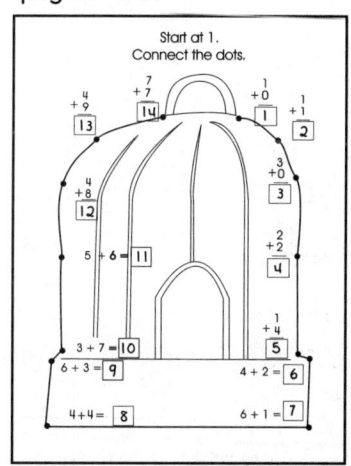

page 9

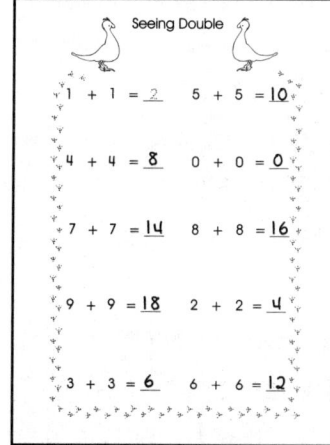

EMC 4053

page 10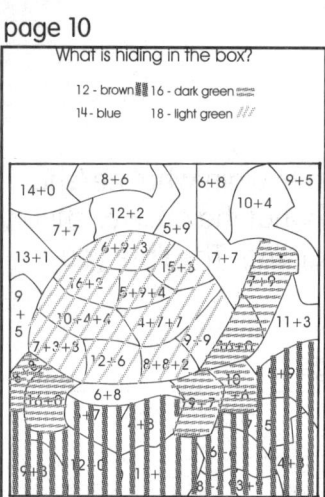

page 11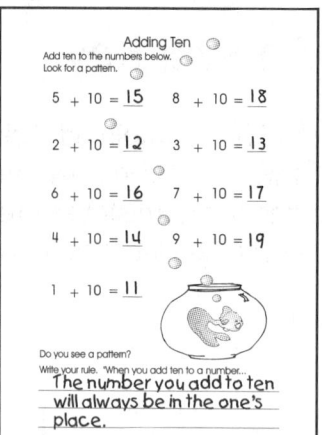

page 12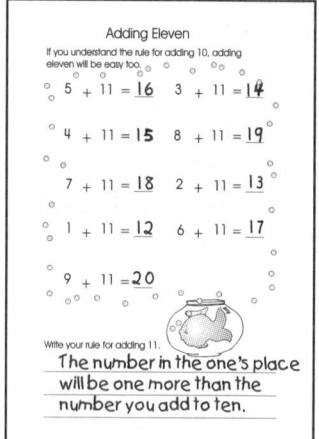

page 13

page 14

page 15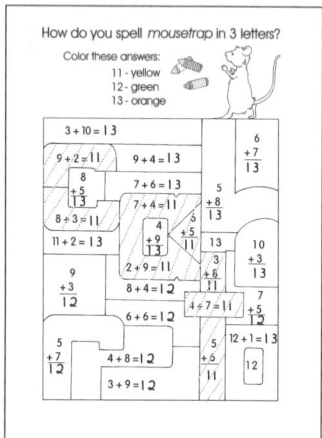

page 16

page 17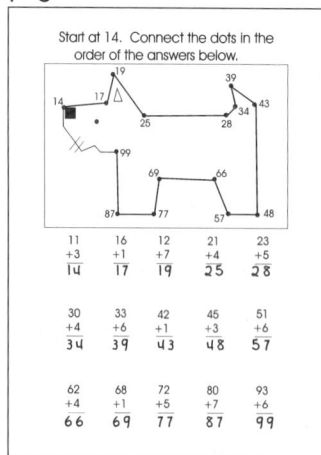

page 18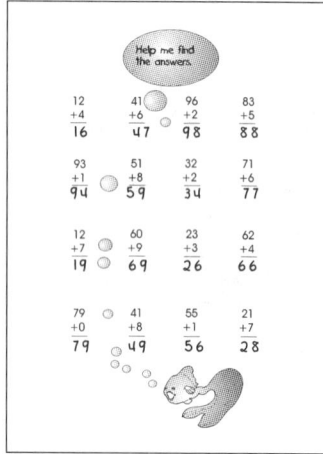

page 19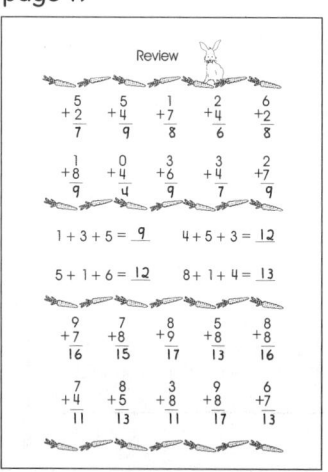

page 20

page 21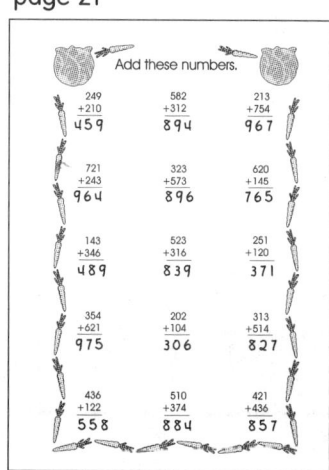